FRANCISCO FAUS

# CONTEMPLAR
# O NATAL

2ª edição

São Paulo
2023

Copyright © 2016 Quadrante Editora

Capa
Provazi Design

**Dados Internacionais de Catalogação na Publicação (CIP)**

Faus, Francisco
  Contemplar o Natal / Francisco Faus — 2ª ed. — São Paulo: Quadrante, 2023.

  ISBN: 978-85-7465-556-7

  1. Natal 2. Sermões I. Título

CDD-254.157

**Índice para catálogo sistemático:**
1. Sermões : Natal : Cristianismo 254.157

Todos os direitos reservados a
**QUADRANTE EDITORA**
Rua Bernardo da Veiga, 47 - Tel.: 3873-2270
CEP 01252-020 - São Paulo - SP
www.quadrante.com.br / atendimento@quadrante.com.br

# SUMÁRIO

PÓRTICO ...................................................... 7

1. A AURORA DO NATAL: MARIA ............... 11

2. JOSÉ: O AMOR FIEL .............................. 25

3. MARIA VISITA ISABEL............................ 35

4. AS ALEGRIAS DE MARIA E ISABEL ..... 47

5. OS PASTORES ......................................... 61

6. AS PORTAS DE BELÉM............................ 75

7. JESUS NASCE EM BELÉM ..................... 87

8. A ESTRELA DOS MAGOS ....................... 101

9. A ADORAÇÃO DOS MAGOS.................... 113

*— Eu vos anuncio uma grande alegria:*

*Nasceu para vós um Salvador, que é o Cristo Senhor.*

*— Um Menino nasceu para nós:*

*um Filho nos foi dado!*

*Vinde todos adorar o Senhor!*

(Da liturgia do Natal)

# PÓRTICO

O primeiro anúncio do Natal foi uma luz resplandecente no meio da escuridão do mundo. Naquela noite santa, *havia nos arredores de Belém uns pastores, que vigiavam e guardavam seus rebanhos durante as vigílias da noite*. E eis que, de repente, *um anjo do Senhor apareceu-lhes e a glória do Senhor refulgiu ao redor deles* (Lc 2, 8-9).

Hoje também, quando o Natal se aproxima, vemo-nos rodeados de luzes: luzes de cores, luzes que piscam, luzes que giram formando mil desenhos... Luzes que convidam às compras, aos presentes, e às delícias da ceia de Natal...Tudo isso, com sobriedade e medida, é bom, sobretudo se assim se enriquece a alegria da celebração em família.

Mas dá pena ver que quase nenhuma luz é um apelo para celebrar o verdadeiro Natal:

*Não temais, eis que vos anuncio uma boa nova que será alegria para todos: hoje nasceu para vós, na Cidade de Davi, um Salvador, que é o Cristo Senhor. Achareis um recém-nascido envolto em faixas e reclinado numa manjedoura* (Lc 2, 10-12).

O Natal significa que Jesus, o Filho Unigênito de Deus, nasceu, e que, com Ele, se revelou o infinito Amor de Deus pelos homens: *Tanto amou Deus o mundo, que lhe deu seu Filho Unigênito, para que todo o que nele crer não pereça, mas tenha a vida eterna* (Jo 3, 16). *O Verbo se fez carne e habitou entre nós* (Jo 1, 14).

Isto é o Natal. E, ao vermos que muitos não o descobriram ainda, sentimos a necessidade de nos dirigirmos ao recém-nascido filho de Maria, e de lhe dizer: «Jesus, no teu aniversário, será que nós vamos deixar-te encostado na sombra, excluído da Festa como se fosses um intruso?» Não, não queremos!

É muito reconfortante ter presente que o Natal não é uma pura recordação, uma simples comemoração histórica. É real, é vivo, está acontecendo agora. Veja o que a fé nos ensina:

> Tudo o que Cristo é, tudo o que fez e sofreu por todos os homens, participa da eternidade divina, e assim transcende todos os tempos e *em todos se torna presente*[1].

---

(1) *Catecismo da Igreja Católica*, n. 1085.

Este livro que você tem nas mãos quer ser um apelo para que todos nos unamos aos pastores, e digamos com eles: *Vamos até Belém e vejamos o que aconteceu e que o Senhor nos manifestou* (Lc 2, 15).

# 1. A AURORA DO NATAL: MARIA

*O raiar da antemanhã*

Depois de uma noite escura de séculos, um dia surgiu sobre o mundo a luz de um novo amanhecer: apareceu Maria, criatura em quem se refletia sem sombras a imagem de Deus, pois foi concebida livre da mancha do pecado original.

*Quem é esta que avança como a aurora que desponta?* — pergunta a Liturgia, com palavras do Cântico dos Cânticos (6, 10); e responde que é a Virgem Maria, preparada por Deus desde toda a eternidade para ser a digna Mãe do seu Filho, a aurora do *Sol nascente*, que é Cristo (Lc 1, 78).

Há uma oração em honra de Nossa Senhora, que reza assim: «A maternidade de Maria foi a aurora da Salvação». E o Bem-aventurado Paulo VI, comentando essa frase poética, dizia:

> O aparecimento de Nossa Senhora no mundo foi como a chegada da aurora que precede a luz da salvação, que é Cristo Jesus. Foi como o abrir-se sobre a terra, toda coberta pela lama do pecado, da mais bela flor que jamais tenha desabrochado no vasto jardim da humanidade[1].

A mais bela flor, deu o mais belo fruto: o Salvador. Mil vezes repetimos,

---

(1) *Homilia*, 08.09.1964.

ao rezar a Ave-Maria: «Bendito seja o fruto do vosso ventre, Jesus».

A Encarnação do Filho de Deus no seio da Virgem foi o início do Natal, a sua alvorada. Jesus, recém-concebido, já começava a ser, presente em sua mãe, o *Emanuel, Deus conosco* (Mt 1, 23).

*Como o Natal começou*

O mistério do Natal teve início no dia da Anunciação. «O anjo do Senhor anunciou a Maria, e ela concebeu do Espírito Santo», evocamos na hora do Ângelus.

São Lucas descreve esse mistério (Lc 1, 26ss) com as seguintes palavras:

*O anjo Gabriel foi enviado por Deus a uma cidade da Galileia, chamada Nazaré, a uma virgem desposada com um homem que se chamava José, da casa de Davi, e o nome da virgem era Maria. Entrando, o anjo disse-lhe: «Ave, cheia de graça, o Senhor é contigo».*

A donzela de Nazaré *ficou perturbada* com a aparição e a inusitada saudação:

*Não temas, Maria* — tranquilizou-a o anjo — *pois encontraste graça diante de Deus. Hás de conceber no teu seio e darás à luz um filho, ao qual porás o nome de Jesus. Será grande e se chamará Filho do Altíssimo, e o Senhor Deus lhe dará o trono de seu pai Davi; e reinará eternamente na casa de Jacó, e o seu reino não terá fim.*

Maria serena-se. E o anjo fica aguardando a sua resposta. Será que percebemos o que acontece aí? Deus nunca «impõe»: só pede, convida. É impressionante verificar, nessa cena, que o Céu inteiro está pendente da resposta livre de uma menina. Porque Deus ama e respeita a nossa liberdade, esse grande dom que Ele nos concedeu e que podemos usar para bem ou para mal.

Lembro a história de um universitário asiático recém-convertido, que no mês de Maio acompanhou vários colegas numa romaria a um santuário dedicado à Virgem. Chegando perto da igreja, os sinos bateram o toque do Ângelus, pois era meio-dia. Pararam para rezar: *O Anjo do Senhor anunciou a Maria...* Sem pensar, escapou do moço esta exclamação espontânea: «Se Maria tivesse dito não!» Tão grande era a felicidade do seu recente encontro com Cristo que sentia arrepios só de imaginar o que teria acontecido caso Maria tivesse dito não.

Mas ela respondeu «sim». Não foi uma resposta precipitada ou irrefletida. Seu «sim» foi o próprio de um coração enamorado de Deus, e encerra muito mais riqueza do que à primeira vista aparece. Esse «sim», sobre o qual vamos meditar a seguir, desdobra-se em duas palavras: «Como?» e «Faça-se». Vale a pena descobrir o que significam.

*Como se fará isso?*

*Maria perguntou ao anjo: «Como se fará isso, pois não conheço homem?»*

Por que essa pergunta? Na verdade, só se pode entender tendo presente que — como bem sabemos os cristãos — Maria tinha consagrado a Deus todo o seu ser: o corpo e a alma. O corpo era um templo reservado virginalmente para Deus; e também a alma, sem mancha de pecado, estava entregue sem reservas nas mãos do Senhor.

Assim se compreende que a Virgem quisesse saber *como se fará isso*, pois era muito difícil entender que Deus a quisesse virgem e mãe ao mesmo tempo. Humanamente, era impossível.

Quando conhecemos a vida de Nossa Senhora, percebemos que ela perguntou «como» não só porque o pedido de Deus parecia uma contradição insolúvel, mas porque desejava acima de tudo cumprir, da maneira mais perfeita possível, a vontade de Deus. Era como se pensasse: «Deus me pede isso, que eu acho impossível, mas, por mais que eu não o entenda, eu só quero fazer o que Ele me pedir. Por isso, apesar de não ver "como" será possível, sei que Deus me esclarecerá e me dará as graças necessárias para que o realize».

*Como nós respondemos a Deus?*

O «como» de Maria foi uma pergunta de amor. E os nossos «como», o que são? Infelizmente, muitas vezes usamos essa palavra com uma intenção contrária à de Maria, como uma maneira de dizer «não».

A experiência cotidiana nos mostra numerosas ocasiões em que perguntamos «como» só para tirar o corpo, desculpar-nos e omitir-nos, porque era difícil fazer o que nos era pedido e não queríamos assumir.

Quantas vezes o nosso «como» vira um «não»! Por exemplo, pensemos na pessoa a quem Deus pede que dedique um pouco mais de tempo à oração, à Comunhão mais frequente, à formação religiosa, ou a colaborar com uma obra de caridade em favor dos necessitados, e responde: «Como? Como é que posso fazer isso, se não tenho tempo e, sobretudo (deveria acrescentar, para ser sincero), se não tenho vontade?» Outro exemplo: O caso da esposa que pede ao marido que converse mais com um dos filhos, o mais difícil, e ele se esquiva dizendo: «Como?» Um «como?» que ele mesmo tenta em vão explicar gaguejando: «Mas como vou fazer isso, se já tentei, se o garoto não me escuta, se, além do mais, você já sabe que não tenho jeito para essas coisas...»

Maria nos ensina que a boa maneira de perguntar é a das almas generosas, dispostas como ela a acolher tudo o que Deus pede e o próximo precisa.

As palavras esclarecedoras da resposta do anjo, que lemos no Evangelho, encheram Maria de paz:

*O Espírito Santo virá sobre ti e a força do Altíssimo estenderá sobre ti a sua sombra. Por isso mesmo é que o Santo que vai nascer de ti se chamará Filho de Deus. Também a tua parente Isabel* — acrescentou — *concebeu um filho na sua velhice e está já no sexto mês, ela a quem chamavam estéril, porque nada é impossível a Deus.*

Imediatamente, sem um átimo de hesitação, Maria respondeu: *Eis a escrava do Senhor, faça-se em mim segundo a tua palavra.* Era o seu «sim» total.

*O segundo «sim»: «Faça-se!»*

Ao perguntar «como?», Maria fez um primeiro ato de amor. E, ao dizer depois «*Eis a escrava, faça-se*», completou-o.

Na nossa vida cristã, nós deveremos seguir, ordinariamente, esses dois passos da correspondência da Virgem. Deveremos começar pelo «como», quando Deus nos pedir o que nos custa dar ou o que no momento nos parece absurdo. «Como posso corresponder melhor a esse amor que Deus me pede agora, e que não compreendo, que acho impossível?»; «Que propósitos, que planos deveria fazer?». A alma sincera faz oração, pede conselho e, uma vez esclarecida a dúvida, deve dar o segundo passo: o «sim» total: «Eis aqui a serva, eis o servo do Senhor, estou disposto a colaborar sinceramente com o que Deus quer que seja feito na minha vida, sem me poupar, sem contornar a vontade do Senhor, confiando na ajuda dele».

Não é fácil. É mais fácil dizer um «não», ou dizer um «sim» cheio de reservas e condições. Com que facilidade falamos: «Farei isso *se eu me sentir bem, se tiver vontade, se não exigir muita renúncia*».

Quantas condições colocamos! «Vou dar isso a Deus, se Ele me conceder o que lhe peço» (comércio!); «Vou ser amável com os outros, lá em casa, se os outros forem amáveis comigo...»

E, além disso, basta que apareçam dificuldades para transformarmos o «sim» já dado em um «não». Maria contemplava as dificuldades como apelos de Deus, que a convidavam a uma entrega ainda mais forte: a ter mais amor, a ser mais generosa do que antes, mais humilde, mais desprendida, mais sacrificada, mais caridosa, mais compreensiva. Tinha a plena confiança de que Deus — que a chamava — não deixaria de ajudá-la.

Foi assim a vida inteira. Nunca deixou de se dar com alegria, quer as circunstâncias fossem fáceis, quer fossem difíceis. Manteve o seu «sim» sem interrupção, desde o dia da Anunciação até o momento em que, ao pé da Cruz, abraçou o sacrifício redentor de seu Filho.

No mesmo instante em que Maria disse «faça-se», o *Verbo se fez carne* em seu seio, *e habitou entre nós* (Jo 1, 14). Deus se fez homem. O Natal começou a existir.

## 2. JOSÉ: O AMOR FIEL
### Um homem justo

Vamos contemplar, neste capítulo, a figura de São José. No presépio, ele costuma estar um pouco recuado, quase na sombra, olhando para o Menino e amparando Maria e Jesus com a sua vigilância carinhosa. Que figura, a de São José! O Evangelho o define com uma só palavra: *era justo* (Mt 1, 19). Vale a pena meditarmos nisso.

Pode ajudar-nos lembrar que, quando a Bíblia afirma que alguém é *justo*, quer dizer que é bom, que é reto, que está sempre «ajustado» com Deus, ou seja, que vive sempre em sintonia com Deus, com os seus preceitos e os seus pedidos. Numa palavra, que é *santo* e que, por isso mesmo, também é íntegro e honesto com os outros.

Essas qualidades brilham mais quando lembramos que São José teve um caminho bastante sofrido, misto de sombras e de luzes, até chegar ao Natal. Foi reto no meio das perplexidades, foi totalmente leal a Deus e a Maria nos dias desconcertantes em que não podia entender o que estava acontecendo.

Lembremos o Evangelho (Mt 1, 18-25 e 2, 13-23). São Mateus conta que, depois de Maria ter *concebido por virtude do Espírito Santo, José, seu esposo, que era um homem justo e não queria infamá-la, resolveu deixá-la secretamente.*

Precisamos refletir sobre essas palavras, pois não é imediatamente que se apanha o seu significado. O que deve ficar claro desde o começo — porque o Evangelho o diz explicitamente — é que José resolveu abandonar Maria secretamente *porque era justo*, precisamente *porque era justo*: esse foi o motivo. Deus — que inspirou o texto sagrado de São Mateus — quis mostrar-nos com essas palavras que a resolução de José foi um ato de bondade, cheio de retidão.

Um dia ele percebeu a gravidez de Maria, que era um tremendo mistério entre ela e Deus. E aí começou a sua reação. Sofreu sem compreender nada, mas em nenhum momento quis pensar mal dela. Nem por um segundo admitiu a possibilidade de que nela houvesse a menor sombra de pecado ou de traição, ainda que esse mistério tão incompreensível lhe causasse profunda dor. Não é qualquer um que é capaz de fazer isso. É preciso ter um coração muito grande..., e agarrar-se a Deus com força!

Ele amava Maria, ele a conhecia, ele percebia a pureza dos olhos, dos gestos, da alma dela. Mas, pensando nela, sentia-se envolto num mistério que o ultrapassava. E Deus permitiu que sofresse. Talvez para que nós víssemos o que é ser justo, o que é ser bom. Porque, não querendo pensar mal, a primeira coisa que lhe veio à cabeça foi proteger Maria, não a acusar. Nem pensou em se proteger ou defender a si mesmo.

Para não a difamar, preferiu ficar pessoalmente mal, passar — se assim o quisessem pensar os outros — por um irresponsável, um covarde, que deixa a noiva grávida e não quer assumir. Dessa maneira, ela ficava inocentada. Preferia sujar a sua própria imagem, antes que profanar aquele amor santo, que o próprio Deus tinha feito nascer entre ele e Maria.

## Um homem reto

Ser *reto* é isso: fazer o que a consciência indica como o caminho certo, o mais justo aos olhos de Deus, ainda que esse bom caminho nos traga renúncias e prejudique os nossos interesses. José era *reto* porque agia por *motivos retos* (por amor, por fidelidade, por honradez, por sentido do dever), e não se deixava arrastar por motivos «tortuosos» (nem pelo interesse, nem pela vaidade de preservar a sua reputação, nem pelo comodismo de lavar as mãos e dizer «eu não sei de nada»).

Precisou, para agir assim, de muita coragem. E de muita fé em Deus. Aquilo era saltar no escuro. Era lançar todo o seu futuro nas mãos do Senhor, e esperar que Ele cuidasse dele como um Pai.

Podemos dizer ainda que José foi reto e santo porque soube esquecer-se de si mesmo e dar tudo sem ostentação: deu a sua honra, renunciou aos seus planos pessoais, deu a vida em silêncio.

O desprendimento custa. Não é nada fácil vencer o egoísmo. Fácil é deixar que o interesse seja a motivação das nossas ações, dos nossos desejos, dos nossos pensamentos, dos nossos projetos. Poucos dizem: «Vou fazer isto porque é bom, porque é justo, porque é verdadeiro, porque vai fazer bem aos outros, porque Deus me pede, ainda que me contrarie, ainda que me doa, que me exija sacrificar coisas que muito aprecio». José fez isso.

Quantos casais não rezariam mais e lutariam melhor para superar desavenças se pensassem assim, em vez de dizer que estão saturados, que não aguentam mais, ou que chegou a hora de cada um «viver a sua própria vida», ou de «aproveitar a vida enquanto é tempo». José não quis aproveitar nada. Só quis ser fiel a Deus e à sua esposa Maria. Ele soube amar.

*Um servo fiel*

Por isso Deus amou a ele com predileção. Passados os primeiros momentos de angústia, o Senhor tranquilizou-o.

*Enquanto assim pensava* — diz o Evangelho —, *eis que um anjo do Senhor lhe apareceu em sonhos e lhe disse: «José, filho de Davi, não temas receber Maria, tua esposa, pois o que nela foi concebido é obra do Espírito Santo. Ela dará à luz um filho, e tu lhe porás o nome de Jesus, porque Ele salvará o seu povo dos seus pecados»* (Mt 1, 20-21).

Que alegria deve ter inundado a alma de José ao receber essa mensagem! Com que carinho, com que admiração, com que veneração olharia a partir daquele momento para Maria, Mãe de Deus e sua esposa castíssima!

Com certeza, se antes disso já era *justo* e vivia em plena sintonia com Deus, a partir desse instante iria ser ainda mais *justo* e afinado com Deus.

É importante perceber que, quando lemos com calma o Evangelho — concretamente, os dois primeiros capítulos do Evangelho de São Mateus —, logo chama a atenção que a vida de José se pode escrever com as mesmas palavras com que Deus lhe vai manifestando a sua vontade. Recebe as indicações de Deus com o coração aberto, e não perde um minuto hesitando, negaceando. Ao contrário, na hora, com muita paz, com a segurança do homem de consciência limpa, começa a pôr em prática o que Deus lhe solicita.

Citávamos antes as primeiras palavras de Deus que ele ouviu: *Não temas receber Maria*. E o que fez José?

*Despertando do sono, fez como lhe ordenou o anjo do Senhor, e recebeu sua esposa*. Obedeceu sem titubear.

Não foi só dessa vez. Sempre fez a mesma coisa. Quando Deus o chamou para que fugisse para o Egito, livrando assim o Menino da perseguição de Herodes, *levantou-se de noite* — na hora! —, *tomou o Menino e sua Mãe e partiu para o Egito*. E quando, após a morte de Herodes, Deus lhe indicou que voltasse para a sua terra, *levantou-se, tomou o menino e sua Mãe e voltou para a terra de Israel*. Sempre, ao pé da letra, a sintonia com a vontade de Deus!

Esta é a grande lição que José nos dá. Se lhe temos carinho e devoção, ele nos ajudará a ser *justos*, a ser retos e a não torcer os caminhos da consciência com os desvios do interesse, da vaidade e do comodismo; a ser retos nos nossos juízos sobre os outros; a não pensar precipitadamente nem julgar mal; a estar sempre em harmonia com o que Deus quer.

Tomara que a nossa história também possa ser escrita como uma história de total identificação com a vontade de Deus. Se assim for, o Menino do presépio sorrirá para nós no Natal, e nós seremos felizes.

## 3. MARIA VISITA ISABEL

Coração aberto ao próximo

No primeiro capítulo, víamos Maria abrir as portas do coração a Deus, respondendo com um *sim* cristalino àquilo que o Anjo lhe anunciava da parte do Senhor. Como resposta de Deus àquele *sim* da Virgem, *o Verbo se fez carne* no seu ventre imaculado.

Não é difícil imaginar como Maria deve ter se sentido depois da Anunciação. Trazia Deus no seu seio. Começava a amar a Deus com amor de Mãe. Teria sido lógico que se ensimesmasse, que ficasse concentrada em si mesma, que se absorvesse no mistério divino que habitava nela. Como não ficar pensando no Filho, na vida nova que começava para ela, no futuro que jamais teria imaginado?

Agir desse modo seria humano, seria lógico. Mas ela não fez assim: não ficou enclausurada em si, concentrada no seu mistério interior, mesmo tendo fortes razões para fazê-lo.

Lembremos o que relata o Evangelho (Lc 1, 39-44):

> *Por aqueles dias* — logo depois da Anunciação —, *pôs-se Maria a caminho e dirigiu-se à pressa para a montanha, a uma cidade de Judá. Entrou em casa de Zacarias* — o marido da sua prima Isabel — *e saudou Isabel.*

O que a moveu a ir correndo à casa da sua prima Isabel? Sem dúvida, foi a caridade, uma caridade tão grande que a fazia esquecer-se de si e voltar-se totalmente para Deus e para as necessidades dos outros.

No dia da Anunciação — já o víamos —, o Anjo Gabriel, para explicar a Maria que era possível tornar-se Mãe de Jesus e permanecer virgem, deu-lhe uma prova palpável de que *nada é impossível para Deus*. A prova era que a sua parenta Isabel tinha concebido um filho em idade já avançada e estava no sexto mês, *ela a quem chamavam estéril*.

O Anjo mencionou isso só de passagem, como ilustração do poder de Deus. Maria, porém, captou nessa notícia um apelo: a prima Isabel, já além da idade própria para engravidar, estava para ter o seu primeiro filho; com certeza precisaria de ajuda. Bastou-lhe tomar consciência dessa necessidade, para se esquecer imediatamente de si mesma e partir às pressas para ajudar Isabel.

A Visitação é um ícone do amor de Maria pelo próximo: pronto, delicado, generoso. Assim como, no primeiro capítulo, púnhamos em destaque duas palavras de Maria na Anunciação, agora pode nos ajudar também meditar em duas palavras, que esclarecem qualidades da caridade de Maria: «adivinhar» e «adiantar-se».

## *A caridade «adivinha»*

Um escritor católico francês, Ernest Hello, repetia que «amar é adivinhar», «o amor adivinha». Tinha razão. Quem não é capaz de adivinhar o que o outro precisa, o que sente, o que o faz sofrer, não ama de verdade. Não se trata de ser vidente nem de ter poderes paranormais. Basta ter carinho, porque então *vemos*.

O marido que ama de verdade percebe, vê, que a mulher precisa de um gesto de afeto, de um sorriso de agradecimento, de uma palavra de consolo. A mulher vê que o marido precisa de bom humor em casa, de um ambiente positivo e encorajador, que compense os dissabores de uns dias muito duros no trabalho. O irmão vê que a irmã menor — ou vice-versa — precisa de uma ajudazinha no estudo, porque está aflita na véspera da prova.

Poderíamos acrescentar, no mesmo sentido, que também no ambiente de trabalho, na rua, na pobreza de muitos, na doença de outros, nos sofrimentos e aflições de tantas pessoas que nos cercam, aquele que ama ouve uma voz silenciosa, como um apelo mudo dirigido à sua capacidade de ajudar, de consolar, de acompanhar, de fazer o bem... Ele «adivinha».

Como seria triste que o nosso «aparelho receptor» não captasse essa *longitude de onda*. Que só apanhasse as vibrações do nosso próprio *eu*. Para a pessoa egoísta, o que não é do seu interesse não tem voz nem vez. O que incomoda e pede sacrifício é inaudível.

Não *adivinhar* é, com frequência, uma maneira muito cómoda de ser egoísta. Por exemplo, é o caso de quem diz: «Eu sou muito distraído; gosto muito de vocês, mas sou meio aéreo, esqueço-me, não me dou conta do que vocês precisam...» Na verdade, noventa por cento das vezes, o esquecimento é a consequência de pensarmos demais nas nossas coisas e pouco nas dos outros. O *eu* ocupa tanto espaço na cabeça e no coração que os outros não *cabem*. O esquecido, o distraído, não consegue «adivinhar».

## *A caridade «adianta-se»*

Maria nunca andava esquecida, nunca estava distraída ou desligada do que afligia os outros. Basta lembrar a cena das Bodas de Caná (cf. Jo 2, 11). Naquela festa de casamento, a Mãe de Jesus foi a única a captar que, por um descuido, por não terem calculado bem a quantidade de vinho, a alegria das bodas podia acabar em fiasco.

Então «adiantou-se», falou com Jesus; e conseguiu que o Filho fizesse — porque ela intercedeu — o primeiro milagre: a conversão da água em vinho. Amar é adivinhar, e, depois, *adiantar-se*, como Maria fez ao visitar Isabel e em Caná. É claro que amar não se reduz a essas duas atitudes, mas elas são fundamentais.

Na prática, *adiantar-se* é dedicar-se ao serviço dos outros sem necessidade de que nos peçam e sem esperar que nos retribuam. Há quem fique aguardando que os outros se manifestem para dar uma mão; mas muitas vezes, quando lhe pedem de fato alguma ajuda, reage com má vontade: e então, ou se desculpa dizendo que não pode ou presta o serviço de cara fechada.

Maria amava o próximo como Deus nos ama. O Novo Testamento põe em destaque que o amor de Deus sempre nos precede, sempre se "adianta" ao nosso. Lembremos a seguir dois textos que exprimem isso claramente:

O primeiro é de São Paulo, e diz: *Deus demonstra o seu amor para conosco pelo fato de Cristo haver morrido por nós quando ainda éramos pecadores* (Rom 5, 8). Quer dizer, Deus deu tudo, antes de que nós lhe tivéssemos dado coisa alguma, e sem aguardar que lhe retribuíssemos a sua doação.

O segundo texto é de São João:

*Nisto consiste o seu amor* — o amor de Deus —: *não fomos nós que amamos a Deus, mas foi Ele que nos amou primeiro e enviou o seu Filho como propiciação pelos nossos pecados* (1 Jo 4, 10).

O próprio Jesus fez o seu autorretrato por meio da imagem do Bom Pastor. O Bom Pastor toma a iniciativa, *adianta-se* e sai à procura da ovelha perdida, mesmo daquela ovelha que continua fugindo — dessa ovelha perdida ou meio-perdida que somos todos nós —, e não descansa até encontrá-la. E a sua maior alegria é carregá-la de volta, com carinho, sobre os ombros, até o lugar seguro, o redil de Deus.

*Haverá mais alegria no Céu* — diz Jesus — *por um pecador que se arrependa do que por noventa e nove justos que não têm necessidade de penitência* (Lc 15, 7).

«Que coisa admirável, Senhor» — exclamava Santa Teresa —, «que procures quem não te procura, e que cures quem não quer ser curado e até ama a sua doença».

Sim, o Bom Pastor nos mostra que a alegria de Deus é a alegria de nos salvar. A *alegria* é inseparável do amor e do serviço bem vividos.

Mas também é inseparável do serviço a *elegância*, que consiste em servir sem exibir-se, dar sem cobrar, sacrificar-se sem fazer-se de vítima, fazer o bem e esquecer-se.

Basta que pensemos em coisas muito pequenas do dia a dia, como procurar, lá em casa, pôr no lugar o que outros bagunçaram, desligar a luz que esqueceram de apagar, atender a campainha que fica tocando sem que ninguém atenda..., e fazer isso sem queixar-nos nem reclamar dos que se omitem.

Aproveitemos esta reflexão para nos perguntarmos coisas muito concretas. Por exemplo: «Será que, nestes dias próximos do Natal, estamos nos esforçando por adivinhar necessidades alheias que antes nos escapavam? Quantas vezes nos antecipamos? Quantos serviços ocultos prestamos, quantas ajudas e colaborações já demos, daquelas de que só Deus e nós ficamos sabendo?».

Esse balanço pode nos fazer acordar de um mau sono e levar-nos a descobrir — com a luz do exemplo de Maria — o fantástico panorama de amor e de serviço que temos todos os dias à nossa espera. Peçamos à nossa Mãe Santíssima que nos ajude a parecer-nos, nisso, um pouco mais com ela.

## 4. AS ALEGRIAS DE MARIA E ISABEL

### A alegria do Espírito Santo

Neste capítulo (cada capítulo do livro é uma meditação íntima), vamos transportar-nos de novo, com a imaginação, para a cena da Visitação de Maria a Santa Isabel. Acabamos de considerar nas páginas anteriores a bela lição de caridade — «adivinhar» e «adiantar-se» —, que Nossa Senhora nos dá. Contemplaremos agora lições de «alegria» e de «humildade».

Lendo o relato da Visitação no Evangelho (Lc 1, 41-55), impressiona ver que a visita de Nossa Senhora a Santa Isabel foi uma grande *explosão de alegria*. Vemos aí a alegria de Deus fundida com a alegria das duas futuras mães e com a alegria dos filhos que ambas trazem no seio: Jesus e João Batista. Todos ficam inundados de júbilo.

O Evangelho narra assim: *Ao ouvir Isabel a saudação de Maria, o menino* [o futuro São João Batista] *saltou-lhe de alegria no seio e Isabel ficou cheia do Espírito Santo*. Então Isabel olhou, encantada, para Maria e exclamou em voz alta:

> *Bendita és tu entre as mulheres e bendito é o fruto do teu ventre. E de onde me vem esta honra de vir a mim a mãe do meu Senhor? Pois logo que chegou aos meus ouvidos a tua saudação, o menino saltou de alegria no meu seio.*

*Isabel ficou cheia do Espírito Santo; o menino saltou de alegria no seu seio*, acabamos de ler. Com essas palavras o texto sagrado mostra que a causa desse imenso júbilo foi a efusão do Espírito Santo, que procedia de Jesus, ainda no ventre da mãe, como de uma «fonte» (cf. Jo 7, 37).

É maravilhoso ver que, movidos pela graça do Espírito Santo, Isabel e o seu filho estremecem de alegria. Essa cena feliz nos leva a perguntar-nos: por que aconteceu isso concretamente *naquele momento*?

A resposta é clara: porque ali estava Maria, e ela trazia Jesus consigo. Deus quis que Maria, desde que concebeu o filho, fosse *medianeira* da graça entre Cristo Salvador e os homens. Sim. Foi pela presença de Cristo, *trazido por Maria*, que o Espírito Santo desceu àquelas almas e derramou nelas a alegria de Deus.

É interessante lembrar que, quando São Paulo enumera, no capítulo quinto da Carta aos Gálatas, os frutos do Espírito Santo, depois de falar do primeiro deles, que é a caridade, menciona a seguir a alegria e a paz. Amor, alegria e paz: três sinais claros da graça de Deus.

## O cântico de Maria

Será que, nesta altura da nossa vida, ainda não descobrimos que as únicas alegrias autênticas são as que vêm de Deus? Que somente quem está com Deus, como Maria, é capaz de tê-las e de transmiti-las habitualmente? Aliás, o amor verdadeiro e a autêntica alegria sempre andam juntos. Por isso, Léon Bloy podia dizer — e poucos o entendem — que «a única tristeza que existe é a tristeza de não sermos santos».

A alegria de Isabel e do seu bebê foi radiante. Mas a maior alegria, a mais bela de todas, foi a de Maria Santíssima.

Também ela se sentiu inundada pelo gozo do Espírito Santo, e extravasou-o num cântico, o *Magnificat* (Lc 1, 40-55), que é uma das orações mais sublimes, um dos poemas mais belos que jamais se entoaram em louvor de Deus.

Começou dizendo, como você provavelmente recorda:

*A minha alma glorifica o Senhor, e o meu espírito exulta de alegria em Deus, meu Salvador, porque olhou para a pequenez da sua serva!* (Rom 8, 31-32)

Já de início, falando da alegria, Maria diz uma palavra que brilha com um fulgor fascinante: a palavra «olhou».

Maria proclama que está radiante de alegria, porque Deus «olhou» para ela. Meditemos um pouco sobre esse *olhar*.

*Deus dá a sua graça aos humildes*

Em primeiro lugar, Maria ficou exultando de alegria porque se julgava tão pouca coisa, tão *pequena serva*, tão pura *pequenez*, que achou incrível Deus ter olhado para ela com predileção.

A Sagrada Escritura afirma uma e outra vez que Deus ama os corações humildes e, pelo contrário, afasta o seu olhar dos orgulhosos. Por três vezes, no texto sagrado, se repete que *Deus resiste aos orgulhosos, e dá a sua graça aos humildes*. Maria, que era tão plenamente humilde, estava *cheia de graça*. E, no cântico do *Magnificat*, inspirada pelo Espírito Santo, ela mesma dirá que Deus *desconcertou os corações dos orgulhosos; derrubou do trono os poderosos e exaltou os humildes.*

É uma pena um coração orgulhoso. O orgulho é o pecado que mais desgosto causa a Deus, porque é o grande inimigo do amor. Sem humildade, não há amor. E, sem amor, não há alegria. Vejam se não é o orgulho (o amor-próprio ferido, o ressentimento, a teimosia de não dar o braço a torcer, a arrogância de não querer dar ou pedir perdão...) a causa da maior parte das brigas e divisões nas famílias. Essas divisões que doem tanto e que se sentem ainda mais no tempo de Natal!

Há um outro aspecto do *olhar* de Deus, de que o *Magnificat* também fala. Nesse cântico, Maria disse: *Deus, meu Salvador, olhou para a pequenez da sua serva;* e acrescentou:... *realizou em mim maravilhas Aquele que é poderoso e cujo nome é Santo.* Deus sempre faz coisas grandes com as pessoas que têm o coração humilde.

Realmente, na vida dos homens e mulheres humildes de coração, Deus faz muitas *maravilhas*, que os orgulhosos, sozinhos (porque se isolam de Deus), não conseguem jamais realizar. A pessoa humilde, por exemplo, recebe de Deus energias espirituais novas, que a tornam capaz de vencer dificuldades antes invencíveis; a pessoa humilde recebe a graça de ver com a luz da fé coisas que antes eram totalmente obscuras; a pessoa humilde torna-se capaz de ter uma paciência, uma mansidão e uma compreensão incríveis, que antes julgava impossíveis de alcançar; a pessoa humilde, com a graça de Deus, vence todos os obstáculos.

E, além disso, Deus escolhe os que são humildes como instrumentos para realizar *coisas grandes* em favor do próximo. Os melhores mestres — os que não só transmitem a ciência, mas formam homens e mulheres de verdade — são humildes; os bons pais — os que não só dão comida, saúde e estudo, mas ajudam os filhos a ser gente de valores e de virtudes — são pacientes e humildes; os bons colegas — os que caminham e avançam solidários com os seus amigos — são compreensivos e humildes; os bons voluntários, os autênticos servidores dos pobres, todos são humildes.

É claro que a humildade que estamos considerando não é a falsa humildade da pessoa encolhida e sem caráter, que se acanha porque se sente inferior, mas a humildade dos santos, a de Maria, que se vê a si mesma muito pequena aos olhos de Deus, mas está feliz porque Ele é seu Pai e ela sua filha, uma filha muito amada, que Ele contempla com infinita ternura.

*Deus Pai cuida de nós*

A ternura paternal de Deus faz-nos descobrir ainda um terceiro aspecto do *olhar de Deus*. É o seguinte: Deus, por assim dizer, além de olhar *para nós*, *olha por nós*, ou seja, Deus cuida de nós.

Uma das primeiras verdades que Cristo nos revelou foi esta: que Deus é um Pai que nos vê, que nos acompanha, que cuida de nós mais do que cuida das aves do céu e das flores do campo, mais do que a mãe cuida do filho. E que, muitas vezes, quando mais nos ama é justamente naqueles momentos em que pensamos que se esqueceu de nós. Os santos sabem disso.

É o que expressa belamente o Salmo 23 (22):

*O Senhor é o meu Pastor, nada me faltará. [...] Ainda que atravesse o vale escuro, nada temerei, pois estais comigo. [...] A vossa bondade e misericórdia hão de seguir-me por todos os dias da minha vida.*

Essa alegria de viver sob o olhar amoroso do Pai, que inundava a alma de Maria, também fazia São Paulo vibrar de júbilo. Ele tinha um otimismo que não era banal, mas era confiança profunda, consequência da fé:

*Se Deus é por nós* — dizia —, *quem será contra nós? Aquele que não poupou o seu próprio Filho, mas que por todos nós o entregou, como não nos dará também com ele todas as coisas?*

Sem dúvida, ele falava de que Deus nos dará *todas as coisas* que trazem alegrias verdadeiras, alegrias eternas. Não só coisas boas que desejamos porque são agradáveis e favoráveis, mas também coisas dolorosas e adversas, que — por incrível que pareça — podem trazer-nos depois alegrias mais profundas e duradouras, se estivermos junto de Deus.

Os santos nos ensinam que podemos colher alegria tanto das flores como dos espinhos; isso depende do nosso amor a Deus e do nosso amor ao próximo.

São Paulo resumia essa visão otimista, tão própria dos filhos de Deus, com uma frase que deveríamos trazer gravada no coração: *Nós sabemos que todas as coisas concorrem para o bem daqueles que amam a Deus.* Se conseguíssemos assimilar essa verdade, nada nos roubaria a paz.

Será que Deus pode *olhar* para nós como olhava para a Virgem Maria, como olha para seus santos? Peçamos a Maria, nossa Mãe, que nos ajude a ser dignos dessa graça, dignos de receber as coisas grandes que Deus preparou para nós, dignos de possuir a confiança feliz dos filhos que se sabem muito queridos e, por isso, têm a certeza de que o Pai está encaminhando tudo para o seu bem.

# 5. OS PASTORES

*Os pastores vigiavam*

Vamos dirigir a atenção, neste capítulo, àqueles pastores que cuidavam dos seus rebanhos nos arredores de Belém na noite em que Jesus nasceu (Lc 2, 8-20). As suas figuras estão em todos os presépios, e são dignas de ser contempladas, porque eles foram os primeiros a adorar o Menino Deus na noite de Natal.

Não é por acaso que Deus lhes anunciou essa alegria em primeiro lugar, antes que a ninguém mais. É porque eram criaturas simples e

Deus ama, juntamente com a humildade, a simplicidade de coração.

Talvez você se lembre daquelas palavras que Jesus proferiu com entusiasmo: *Eu te dou graças, Pai, Senhor do Céu e da terra, porque revelaste estas coisas* — as grandezas da nossa Redenção — *aos pequeninos, aos simples*.

Cristo ama a simplicidade. Mas essa virtude tem, como o espectro solar, cores diversas e todas bonitas. Podemos descobrir uma primeira cor nas palavras com que o Evangelho apresenta os pastores:

> *Havia nos arredores uns pastores que vigiavam e guardavam o seu rebanho nos campos durante as vigílias da noite.*

O que nos sugere isso?

*Vigiavam*. Como gosta Jesus desta palavra! *Felizes os servidores a quem o seu Senhor achar vigilantes!* — diz em Lc 12, 37. Vigiar é estar atento ao que se faz, ao que se deve fazer — porque é o dever que Deus nos pede —, sem cair em descuidos nem cochilos. Vigiar é fazer as coisas bem-feitas, com carinho, com capricho, colocando nelas a cabeça e o coração. Vigiar é fazer com amor o que Deus nos solicita em cada momento do dia, e apresentá-lo a Ele como uma oferenda agradável.

Com certeza, aqueles pastores gostavam do seu trabalho, trabalhavam com alegria. Conheciam as suas ovelhas uma a uma, pelo nome. Eram daqueles que, como lemos na Bíblia, as *faziam repousar sobre pastos verdejantes*, que procuravam as que estavam perdidas, curavam as feridas, protegiam as doentes e ajudavam as fracas.

É tão bom aprender a «vigiar» como eles. Amar o trabalho e trabalhar com amor, como um filho de

Deus bem-disposto. Como é bonito — por exemplo — ver esses rapazes e moças que trabalham de dia e estudam à noite. Muitos só conseguem dormir quatro ou cinco horas, mas não se queixam. Estão felizes porque podem estudar. E sonham com o futuro, e pensam que, quando chegar, poderão ajudar outros rapazes e moças, pobres de dinheiro e ricos de esperança, a formar-se também. São bons e simples.

Foi a uns corações como esses — um grupo de pastores humildes — que um anjo do Senhor anunciou, primeiramente, o Natal:

*Não temais, eis que vos anuncio uma boa nova, que será alegria para todo o povo: hoje vos nasceu, na cidade de Davi, um Salvador, que é o Cristo Senhor. Isto vos servirá de sinal: Achareis um recém-nascido envolto em panos e posto numa manjedoura.*

Nunca deveríamos cansar-nos de meditar nessas palavras, que definem o Natal. Deus vem pequenino ao mundo, para se entregar pela nossa salvação. O Filho de Deus, a segunda Pessoa da Santíssima Trindade, não vem com solenidade majestosa. Nasce pobre, iniciando uma vida terrena que será sempre simples. O Senhor dos céus e da terra vem como a menos importante das criaturas.

## Corações capazes de admirar

Lembrávamos acima que há várias cores no espectro solar da simplicidade. Vejamos mais algumas. Por exemplo, o Evangelho nos mostra que os pastores eram pessoas *capazes de se admirar*. A capacidade de admiração é uma das qualidades características dos corações simples.

Basta ver o que conta o Evangelho. Depois de receberem o anúncio do Natal, diz São Lucas que os pastores foram correndo ver o recém-nascido:

*Vamos até Belém, e vejamos o que lá se realizou e que o Senhor nos manifestou. Foram com grande pressa e acharam Maria e José, e o Menino deitado na manjedoura.*

Logo o adoraram e lhe ofertaram o que tinham — pão, queijo, leite, um cordeirinho novo —, e *voltaram glorificando e louvando a Deus, por tudo o que tinham ouvido e visto.*

Eles ficaram encantados com o Menino Jesus. Outros teriam ficado decepcionados ante tamanho abandono e pobreza. Mas Deus e eles se entenderam perfeitamente bem. Os corações simples descobrem maravilhas, captam alegrias que os complicados ignoram e infelizmente perdem.

Complicados são os egoístas, que desconfiam de tudo e de todos, e tudo discutem. Os simples não são assim. Não têm o olhar enfastiado, nem o coração entediado, nem a mente desconfiada. Os simples são alegres, suas alegrias são singelas. Pelo contrário, os egoístas são tristes e irritadiços, vivem enjoados de todos e de tudo. É como se tivessem um véu nos olhos que os impedisse de enxergar as maravilhas de Deus e as coisas boas do próximo.

Há ainda outra característica bonita dos corações simples. Eles sabem apoiar-se e animar-se uns aos outros, como os pastores, que mutuamente se incentivavam: *Vamos até*

*Belém!...* Quando esses corações simples têm fé, ficam felizes por ajudar, por animar os parentes e amigos, com toda a delicadeza, a se aproximarem do Bem, a se aproximarem de Deus. É outra cor desse espectro colorido da simplicidade.

## A mensagem do Natal

Mas ainda há mais. Falta-nos meditar, a respeito dos pastores, em algo que é essencial: a mensagem que receberam dos anjos.

> *Subitamente* — diz o Evangelho —, *ao anjo se juntou uma multidão do exército celeste, que louvava a Deus e dizia: «Glória a Deus no mais alto dos céus e, na terra, paz aos homens de boa vontade!»*

Alegria no céu e paz na terra. Paz! Que falta nos faz! É um dom que

Jesus traz ao mundo: *A paz vos deixo, a minha paz vos dou*. Um dom que significa muito mais do que tranquilidade e falta de problemas.

A paz de Cristo não é a calma dos adormecidos, nem a pachorra dos desligados. É algo muito mais profundo: é a *harmonia*, a nossa harmonia com Deus, conosco — no íntimo da consciência — e com os outros.

A harmonia com Deus alcança-se com o amor e com o arrependimento. Os corações simples e bons vivem fazendo as coisas certas por amor a Deus, e pedindo perdão pelas erradas também por amor a Deus. Cada confissão sincera, para eles, é um mergulho na paz que só Cristo pode dar.

É um fato que todas as vezes que olhamos para Deus e para nós com sinceridade, sem nos enganarmos, sem desculpas esfarrapadas para encobrir as nossas misérias, todas as vezes que falamos como o filho pródigo — *eu me levantarei, irei a meu pai e direi: Pai, pequei contra o céu e contra ti* (Lc 15, 18) —, todas as vezes que fazemos um ato sincero de contrição, todas as vezes que fazemos uma boa Confissão, a paz nos invade.

*Três caminhos para a paz*

Creio que se pode afirmar também que um coração simples e bom, que ama a Deus, pratica três regras de ouro que o mantém na paz:

Primeiro: *Colocar o amor acima do prazer.* O prazer egoísta mata o amor, é um veneno tão forte como o orgulho. Ai da mulher, ai do homem, que abandona o sacrifício que lhe pede o amor dos outros por uma razão tristemente egoísta: porque não lhe dá satisfação, e só pensa em gozar a vida e sentir-se bem.

Segundo: *Pôr a verdade acima do gosto*. Isso exige ser muito sinceros. Muitas vezes, na vida moral, achamos que é certo o que gostamos de fazer, e nem sempre temos a coragem de perguntar a Deus a verdade, ou seja, o que é certo aos olhos dEle.

Terceiro: *Colocar Deus e os outros acima do nosso «eu»*... Primeiro Deus, depois o bem dos outros, depois «eu»... Os que seguem a ordem inversa procuram-se a si mesmos sem parar, e caem num círculo vicioso, que poderíamos descrever assim: o seu «eu» vazio procura a plenitude que ainda não encontrou, mas — infelizmente — procura-a voltando-se para si mesmo, andando em círculo, como a cobra que morde o rabo; e como em si mesmo só tem o vazio, passa a vida sendo um vazio que corre atrás do vazio.

Santo Agostinho tremia ante esse perigo e o vencia com um ato de fé: «Fizeste-nos, Senhor, para Ti, e o nosso coração estará inquieto enquanto não descansar em Ti»[1]. Ele, como tantos outros santos, aprendeu, pela fé e a experiência espiritual, que só nos encontramos a nós mesmos quando nos damos. Não há harmonia melhor com Deus e com o próximo do que a que nasce da *doação* generosa.

Jesus não se cansava de inculcar esta aparente contradição:

> *Quem quiser guardar a sua vida, a perderá; e quem perder a sua vida,*

---

(1) *Confissões*, I, 1, 1.

*por amor de mim, a encontrará* (Mt 16, 25).

É um segredo divino que as almas simples acabam descobrindo, e então saboreiam a felicidade nova que Cristo trouxe ao mundo.

# 6. AS PORTAS DE BELÉM

*Reclinou-o numa manjedoura*

Dos arredores de Belém, onde contemplávamos os pastores, vamos passar neste capítulo para a cidade, a cidadezinha onde Maria e José chegaram buscando pousada. Ao olhar para eles, procuraremos fazer uma meditação que seja, ao mesmo tempo, uma contemplação e um exame de consciência pessoal, como que um pequeno retiro espiritual de preparação para o Natal.

Há uma coisa que vemos em todos os presépios: o lugar onde Jesus nasceu é desamparado, um pobre estábulo onde se recolhe o gado. Umas vezes, tem a aparência de uma gruta — assim deve ter sido na realidade — e outras, a de um telheiro ou galpão de adobe e tábuas, chão batido e palha.

A tradição do presépio é fiel ao Evangelho (Lc 2, 1-7), pois nele se diz que Maria e José chegaram a Belém para se recensear, e

*estando eles ali, completaram-se os dias dela. E deu à luz seu filho primogênito e, envolvendo-o em faixas, reclinou-o numa manjedoura; porque não havia lugar para eles na estalagem.*

Maria ia dar à luz e não achou uma só porta que se abrisse. Todas se fecharam.

José foi batendo numa, noutra, também na hospedaria atulhada de viajantes, e ninguém abriu. Todos disseram que *não*. Por isso, o nosso Deus teve que nascer no desamparo, num refúgio de animais, e o seu berço foi a manjedoura onde o gado come a palha e o feno.

Uma antiquíssima tradição — que se conserva carinhosamente até hoje — diz que o único calor que a Sagrada Família recebeu, na Noite de Natal, foi o bafo quentinho de um burro e de um boi. Depois, viria a companhia dos pastores que chegaram para adorar.

## Portas fechadas

*Não havia lugar para eles...* Todas as portas trancadas. Vale a pena meditarmos um pouco sobre isso, e pensar que há um fato real: Jesus continua a encontrar fechadas as portas de muitos corações. Perguntemo-nos como é que vai encontrar a nossa no Natal, uma vez que com certeza vai bater nela:

*Eis que estou à porta e bato; se alguém ouvir a minha voz e abrir a porta, eu entrarei na sua casa, e cearei com ele e ele comigo* (Apoc 3, 20).

Todos nós, uma ou muitas vezes, já deixamos Nosso Senhor do lado de fora, quando veio bater com a sua graça. Por quê? Pode nos ajudar a fazer esse exame de consciência pensar — simbolicamente — que o *ferrolho* que tranca a porta do coração é sempre um *não* dito a Deus; assim como a *chave de ouro* que a abre é sempre um *sim*, como o que pronunciou Maria Santíssima no dia da Anunciação.

«Eu digo *sim*, ou digo *não* a Deus?» Todos temos motivos para nos dirigirmos a Jesus e dizer-lhe: «Jesus, eu te peço perdão porque muitas vezes tenho fechado a porta quando Tu batias nela; tenho passado o ferrolho do meu *não*».

Cada *não* a Deus é sempre um ato de egoísmo, algum tipo de falta de amor. Cada *não* é uma escolha que fazemos, colocando-nos a nós mesmos na frente de Deus. Dentro de cada *não*, esconde-se um inimigo do amor: o *pecado*. Afinal, pecar é recusar-se voluntariamente a amar como Deus quer que amemos.

Além disso, cada recusa tem um nome concreto, que é sempre algum destes pecados: *orgulho, avareza, luxúria, ira, gula, inveja e preguiça*. Trata-se, como se sabe, dos sete pecados capitais, os sete ferrolhos que acabam trancando as portas.

## Os ferrolhos e as chaves de ouro

Dentre todos os ferrolhos, com certeza, a *soberba*, o *orgulho*, é o pior. Torna-nos convencidos, arrogantes, autossuficientes, vaidosos. Leva-nos a justificar todos os nossos erros e a não aceitar correções ou conselhos de ninguém. Leva-nos a criticar e a pôr as culpas de tudo nos outros. Faz-nos desprezar o modo de ser das outras pessoas. Enclausura-nos dentro de nós mesmos. Incha-nos de vaidade como um balão.

A chave de ouro que abre essa porta se chama *humildade*. Por isso, Jesus, o nosso Salvador, o Médico que no Natal vem curar-nos, começa por nos dar no Presépio um exemplo de humildade. Sendo Deus, faz-se pequeno, a última das criancinhas deste mundo.

Outras portas são trancadas pela *avareza*. A chave de ouro que as abre é a *generosidade*. A avareza — sabemos bem disso — é aquele egoísmo que nos faz agarrar-nos ao nosso tempo, aos nossos planos, ao nosso dinheiro, aos nossos gostos, que não queremos dar nem compartilhar com os outros. É o pecado do adjetivo possessivo, que fica sendo adjetivo obsessivo: *meu, meu, meu*.

Mas Jesus, que é Deus, quis nascer pobre, desprendido, dando tudo e dando-se todo, para assim curar também a nossa avareza. Jesus Menino só diz *tu, tu, tu*. «É para ti e para a tua salvação que eu vim ao mundo».

A *luxúria* é outro pecado capital. Consiste na procura desordenada dos prazeres egoístas do sexo. E a chave de ouro que abre essa porta é a *castidade*, ou seja, a pureza do coração, dos olhos, da imaginação e do corpo; é o amor esponsal puro, belo, ardente e fiel: o amor que encontra o seu sentido pleno no sacramento do Matrimônio, a aliança santa que — com a bênção de Deus — faz de duas vidas uma só.

E o ponto alto da castidade — para aqueles a quem Nosso Senhor assim o pede — é o amor total que leva a dedicar alma, coração e corpo, a vida inteira, como Maria, ao serviço de Deus e dos irmãos no santo celibato.

Causa uma grande alegria pensar que Jesus quis vir ao mundo através da pureza cristalina de uma Mãe, que é a Santíssima Virgem Maria. E quis ser cuidado e ensinado por José, varão castíssimo e fiel.

Prossigamos vendo — sempre em clima de exame de consciência — outro pecado capital: a *ira*. A chave de ouro que escancara as portas que a ira trancou é a *mansidão*. Como faz mal a ira! Que mal se vive com uma pessoa irritada, violenta, agressiva ou carrancuda, que está sempre de mau humor!

No Natal vemos que a Sagrada Família foi desprezada, ficou abandonada no meio da rua, e não se irritou com ninguém. Neles tudo é paz. E Jesus, já desde o berço, diz, mesmo sem palavras: *Aprendei de mim, que sou manso e humilde de coração, e encontrareis repouso para as vossas almas* (Mt 11, 29).

E a *temperança*?[1] Essa virtude é a chave de ouro para abrir a porta que a *gula* fechou. A gula! Os nossos abusos e desordens no comer, na bebida, na diversão, na televisão, na internet...

---

[1] Cf. sobre esse tema: Francisco Faus, *Autodomínio: elogio da temperança*, 2ª edição, São Paulo, Quadrante, 2016.

E que dizer das drogas, que começam a tecer a sua teia de aranha peçonhenta com a desculpa de que é «só para experimentar»...? Depois, livrar-se da teia é uma luta gigantesca.

Jesus vive, desde o seu nascimento, uma vida sóbria, discreta, cheia de uma tranquila contenção. Ele é o contrário da voracidade de um *consumista* ou de um *hedonista*... Essas duas atitudes, tão comuns nos dias de hoje, são verdadeiras algemas que aprisionam a mente e o coração.

E que dizer da *inveja*?[2] Eis outro pecado capital que tranca os corações. Deixa-os crispados, despeja neles fel e vinagre, desperta ódios e maledicências. Mas a *caridade* é a chave de ouro, e consiste em querer o bem de todos,

---

(2) Cf. sobre esse tema: Francisco Faus, *A inveja*, São Paulo, Quadrante, 2023.

colaborar positivamente para o bem de todos, quer se trate de amigos, quer de inimigos.

Não lembra como, na Paixão, Jesus ama até os que o torturam, o despojam de tudo e lhe tiram a vida, reza por eles, e lhes estende a mão para que se salvem?

Por fim, resta o sétimo ferrolho, o da *preguiça*[3], que não é um pecado tão inofensivo como parece. Quantas vezes os *não* que mais nos prejudicam e fazem mal aos outros procedem da preguiça, da falta de vontade de esforçar-nos, da falta de vontade de lutar, de ser responsáveis, de ser constantes, de sacrificar-nos.

Quantas omissões não há na nossa vida! Pois bem, a chave de ouro para

---

(3) Cf. sobre esse tema: Francisco Faus, *A preguiça*, São Paulo, Quadrante, 2023.

abrir essa porta é a *diligência*, que significa o empenho por cumprir todos os nossos deveres com prontidão, ordem e acabamento, por amor.

Esse pequeno «retiro» que acabamos de sugerir pode tornar-se especialmente proveitoso às vésperas do Natal. Todos desejaríamos acolher Jesus Menino, que vem de braços abertos. Peçamos perdão, destranquemos os ferrolhos e façamos girar as chaves de ouro. Sentiremos a alegria do arrependimento, da dor de não termos sabido amar a Deus e ao próximo como devíamos, acharemos a paz na Confissão, e nos prepararemos para que o Natal seja, para nós, um *novo nascimento*.

# 7. JESUS NASCE EM BELÉM

*A Luz veio ao mundo*

O nascimento de Jesus (cf. Lc 2, 1-20) é contemplado pela Liturgia da Igreja sob o símbolo da Luz: «Ó Deus, que fizestes resplandecer esta noite santa com a claridade da verdadeira luz!»; «O povo que caminhava na escuridão viu uma grande luz»; «Hoje surgiu a luz para o mundo: o Senhor nasceu para nós».

Todas essas expressões são um eco das palavras do prólogo do Evangelho de São João:

*No princípio era o Verbo* [...] *e o Verbo era Deus.* [...] *Nele estava a Vida, e a vida era a Luz dos homens.* [...] *Era a Luz verdadeira, que vindo ao mundo, ilumina todo homem* [...]. *E o Verbo se fez carne, e habitou entre nós* (Jo 1, 1ss)

Neste capítulo, a nossa meditação quer ser mais contemplativa: ajudar-nos a voltar os olhos e o coração para Jesus Menino, que repousa sobre as palhas do Presépio, envolto nos paninhos que a Mãe lhe preparou, de modo a sentirmos o impulso de agradecer-lhe a sua entrega «por nós, homens e para a nossa salvação», e de adorá-lo: *Meu Senhor e meu Deus!* (Jo 20, 28).

O Menino que vemos deitado na manjedoura é Deus feito homem. É o Redentor que vem para nos salvar.

*Tanto amou Deus o mundo —* diz o Evangelho após a conversa de Jesus com Nicodemos — *que lhe deu seu Filho único. Pois Deus não enviou o Filho ao mundo para condená-lo, mas para que o mundo seja salvo por Ele* (Jo 3, 16-17).

Este é o *coração* da nossa fé! O Menino nos dá a certeza de que Deus, que é amor, nos ama com loucura. *Deus é amor!* — escrevia São João. *Nisto se manifestou o amor de Deus para conosco: em nos ter enviado o seu Filho único, para que vivamos por Ele* (1 Jo 4, 8-9).

*Ninguém jamais viu a Deus. O Filho único, que está no seio do Pai, foi quem o revelou...* O mistério da Encarnação extasiava esse Apóstolo e o levava a dizer na sua primeira Carta (1, 1): *Nós o vimos com os nossos olhos, nós o contemplamos, nós o ouvimos, nós o tocamos com as mãos...!* E, como que lamentando a tristeza dos que são incapazes de «ver», acrescentava: *Aquele que não ama não conhece a Deus, porque Deus é amor* (4, 8).

*Sinais do Amor, tesouros do Amor*

Jesus nos ama — a você, a mim, a cada um — com toda a força do seu Amor divino e humano. É um amor que tem dois sinais da autenticidade. Em primeiro lugar, é uma *doação* plena. Um amor que não se dá não é amor. Mas não é um dar-se qualquer, é uma doação que visa o *nosso bem*. E aí está o segundo sinal: todo verdadeiro amor *quer bem, quer o bem,* dá-se procurando o *bem* da pessoa amada.

Qual é o bem que Jesus nos traz? Todos os bens! A vida divina — Deus em nós — aqui na terra, e a vida eterna. Desse tesouro, nós podemos extrair especialmente três riquezas:

• A riqueza da *Verdade* que Ele nos ensina.

• A riqueza do *Caminho* do Céu, que Ele nos mostra com o seu exemplo e a sua palavra.

• E a riqueza da *Vida nova* dos filhos de Deus — concedida pela graça do Espírito Santo —, que chega até nós a partir do seu Coração trespassado na Cruz.

Tudo isso resumiu-o Jesus, na Última Ceia, numa só frase: *Eu sou o Caminho, a Verdade e a Vida*. Meditemos nessas palavras.

*Eu sou a Verdade.* Vem à memória a alegria do pai de São João Batista, Zacarias — marido de Santa Isabel —, quando, no dia do nascimento de João, profetizou o nascimento de Jesus como fruto da

> *ternura e misericórdia do nosso Deus, que nos vai trazer do alto a visita do Sol nascente, que há de iluminar os que jazem nas trevas e nas sombras da morte e dirigir os nossos passos no caminho da paz* (Lc 1, 78-79).

Desde antes de nascer, Jesus já é anunciado como o Sol, como a luz, a luz da Verdade, que nos guiará para a paz.

Já percebeu que a Verdade que Ele nos traz não é uma verdade qualquer: é a *verdade-verdadeira*? É — como dizia São João Paulo II — «a Verdade sobre Deus, sobre o homem e sobre o mundo»[1].

Mas essa Verdade — como Jesus explicava — é parecida com a «semente» na mão do semeador (cf. Mt 13, 1-23; Mc 4, 1-20; Lc 8, 1-15). Pode perder-se no caminho, cair sobre as pedras ou entre espinhos, e morrer; ou pode cair numa boa terra e dar fruto.

Se procurarmos acolher a Verdade — com maiúscula —, a nossa vida irá sendo reflexo da vida de Cristo Jesus, e nada deste mundo poderá abalar a nossa fé.

> *Aquele que ouve as minhas palavras e as põe em prática é semelhante a um homem prudente, que edificou a sua casa sobre a rocha* (Mt 7, 24-27).

---

[1] Cf. Carta encíclica *Redemptoris Missio*, 07.12.1990, n. 3; e Carta encíclica *Redemptor Hominis*, 04.03.1979, n. 12.

Uma casa que nem a chuva, nem o vento, nem as tormentas conseguirão derrubar.

*Eu sou o Caminho.* Olhe para Jesus Menino. Descobrirá que toda a vida dele — desde que nasceu até que subiu ao Pai —, é uma irradiação de exemplo, é a sinalização luminosa do caminho que leva para Deus.

É lógico que Cristo nos diga: *Segue-me!...* Porque nos quer bem. Ele nos compara às ovelhas que Ele, o Bom Pastor, conduz com segurança entre brumas, penhascos e perigos, até o lugar do repouso. Ele é o Bom Pastor, que *anda na frente*, marcando o rumo com as suas pegadas.

Se nos acostumarmos a ler e meditar todos os dias o Evangelho, para conhecer cada vez mais a fundo a vida e o exemplo de Cristo, entenderemos (e praticaremos) o que dizia São Paulo:

*Progredi no amor, segundo o exemplo de Cristo, que nos amou e por nós se entregou como oferenda e sacrifício de suave odor* (Ef 5, 2).

O Amor cristão não é fumaça nem perfumaria; não é uma teoria, não é uma paixão que arde e se evapora. Ou ele se manifesta *por obras e de verdade* — com frase São João (1 Jo 3, 18) — ou é uma miragem. Deve se concretizar na prática das *virtudes*: deve ser um amor generoso, compreensivo, dedicado, paciente, constante, forte na adversidade, caridoso, gentil, prestativo, e justo e discreto... Um amor que cada dia cresce na entrega a Deus e ao próximo.

*Eu sou a Vida.* Com o olhar e o coração fixos no Menino, pensemos na terceira coisa que Ele nos diz: *Eu sou a Vida*. Jesus é Deus que se faz homem, para que o homem, de uma maneira que não há palavras para expressar, se faça «Deus», se torne — como dizia São Pedro — *participante da natureza divina* (2 Pe 1, 11). É um pensamento que — desde os primeiros séculos do Cristianismo — deixava pasmados os santos, inebriados de alegria e de agradecimento.

Significa que Jesus nos traz a *graça divina*, a *«graça do Espírito Santo»*, que nos une intimamente a Ele e nos faz participar da sua própria Vida:

>    *Da sua plenitude* — diz São João — *todos nós recebemos, e graça sobre graça. Pois a lei foi dada por Moisés, a graça e a verdade vieram por Jesus Cristo* (Jo 1, 17-18).

A graça do Espírito Santo, recebida pela primeira vez no Batismo, nos faz renascer *para uma vida nova*, transformando-nos em *filhos de Deus*. O Novo Testamento traz expressões belíssimas desse mistério. Por exemplo, São João afirma que a graça *nos dá o poder de nos tornarmos filhos de Deus* (Jo 1, 12). E São Paulo declara, com grande alegria, que, com a graça do Espírito Santo, *recebemos o espírito de adoção como filhos, pelo qual clamamos:* Abbá, *Pai! Papai!* (Rom 8, 15)

Jesus foi e será sempre a fonte de toda a graça, uma «fonte» que não para de jorrar. *Aquele que tiver sede, venha a mim e beba* (Jo 7, 37), diz-nos. E nos promete derramar em nós, *sem medida*, o Espírito Santo, amor de Deus que santifica.

## As sete fontes

Jesus é como um manancial de onde brotam as sete fontes pelas quais nos vem principalmente a graça: os sete Sacramentos. Cada um deles nos une a Deus (e aos irmãos) de uma maneira própria.

O *Batismo* purifica-nos da culpa original e nos transforma — como víamos — em filhos de Deus; a *Crisma* dá-nos a força do Espírito Santo para sermos cristãos responsáveis, maduros e ativos no apostolado; a *Reconciliação ou Confissão* cura a alma doente e ressuscita a que está morta pelo pecado; a *Eucaristia* une-nos intimamente ao Sacrifício redentor de Jesus, que se faz Alimento, vida da alma, e oferece companhia de Amigo no Sacrário; o sacramento da *Ordem* faz com que os que recebem a ordenação sacerdotal (bispos e presbíteros) sejam instrumentos vivos de Cristo sacerdote, ajudados pelo ministério dos diáconos; o *Matrimônio* implanta a poderosa semente da graça sacramental e a caridade de Deus no amor dos esposos e dos pais; e a *Unção dos Enfermos* é a mão carinhosa de Jesus, que nos ergue da doença, ou — quando é o caso — nos encaminha definitivamente para o Céu.

E, assim, os sete Sacramentos, juntamente com as virtudes e com a força poderosa da oração — que é a respiração vital da alma do cristão — vão-nos identificando com Cristo, vão-nos transformando nEle, fazem com que pensemos como Cristo, sintamos como Cristo, amemos como Cristo, vivamos como Cristo. Isto é a vida cristã.

Depois de pensar nessas realidades, não acha que o Natal é o momento certo para nos perguntarmos, diante de Jesus Menino: «Eu vivo como filho de Deus? A minha oração é uma oração de filho, cheia de entrega e de confiança? Posso dizer que o meu temor é filial, ou seja, que não temo que Deus me abandone ou me castigue, mas temo só magoá-lo, ofendê-lo? Cumpro os mandamentos com carinho de filho, ou com a má vontade do forçado? Tenho delicadezas de afeto filial para com Deus, para com Nossa Senhora? Enfim, eu poderia pôr o adjetivo *filial* em tudo o que penso, sinto e faço em relação a Deus?»

Com a ajuda do Menino-Deus e da sua Mãe santíssima, nós podemos viver assim. Pensemos, então, nesta realidade: em cada Natal, Deus chega muito perto de nós; em cada Natal, Jesus — ultrapassando as barreiras do tempo — leva-nos para junto do Presépio; em cada Natal, Maria, a Mãe, oferece-nos o Menino, sob o olhar sorridente de José. E, em cada Natal, Jesus também sorri para nós e nos pergunta: «Será agora? Será desta vez...? Confia» — diz-nos —, «eu nasci para te ajudar».

# 8. A ESTRELA DOS MAGOS

*Uns magos vieram do Oriente*

Em todo presépio que se preze, sempre estão presentes as figuras dos três Reis Magos, montados em seus camelos e com um cortejo de pajens e oferendas. Eles avançam pela estrada que leva a Belém. Quantos de nós não fizemos avançar suas figurinhas de barro no presépio, um centímetro por dia, até colocá-los aos pés de Jesus Menino na data em que a Igreja comemora a sua chegada, seis de janeiro.

O Evangelho (cf. Mt 2, 1-10) não diz se eram mesmo três, nem de que país procediam. Mas usa uma expressão — «magos» — que naquele tempo designava, no Oriente, homens sábios, homens de ciência e estudo, conselheiros de reis (talvez por isso o povo cristão usou chamá-los de «Reis» Magos). Diante deles, marcando o rumo, brilhou no início do caminho uma estrela, que logo se ocultou e reapareceu mais brilhante quando já se aproximavam de Belém.

O Evangelho de São Mateus resume assim aquela aventura:

> *Tendo nascido Jesus em Belém de Judá, no tempo do rei Herodes, eis que uns magos vieram do Oriente a Jerusalém. Perguntaram eles: «Onde está o rei dos judeus que acaba de nascer? Vimos a sua estrela no Oriente, e viemos adorá-lo».*

A primeira coisa que dizem é que aquela longa viagem foi feita *porque viram a sua estrela*, e que ela lhes indicou um caminho e uma meta: ir ao país dos judeus para adorar o Messias Rei. Fazia mais de mil anos que esse Rei universal fora anunciado pelos profetas, inclusive por um profeta pagão, o amonita Balaão: *Uma estrela sai de Jacó, um cetro levanta-se em Israel* (Nm 24, 17). Disso, no Oriente, muitos tinham ouvido falar mais ou menos confusamente. E os Magos sabiam, e aprofundaram na pesquisa.

Mas voltemos à breve frase com que os Magos, ao chegar a Jerusalém, explicaram a sua peregrinação: *Vimos a sua estrela no Oriente, e viemos adorá-lo*. Muitas luzes podemos tirar de tão poucas palavras. Há aí dois verbos — *vimos* e *viemos* —, que resumem tudo o que aconteceu. Retratam a grandeza da alma dos Magos e nos sugerem coisas importantes, se as soubermos escutar.

## «Vimos a sua estrela»

Não foi fácil *ver* aquela estrela. Não no sentido de captá-la fisicamente com os olhos, pois foi precisamente por perceberem a cintilação de uma estrela nova que ficaram intrigados, e começaram a pesquisar e a perguntar-se o que seria aquilo. Difícil foi *querer ver mesmo*, quando o significado da estrela foi ficando claro. Porque era uma estrela que anunciava e lançava um apelo: mostrava e pedia; era bela, mas comprometia. E, com aquilo que compromete, é fácil fazer-se de desentendido.

Para eles, os Magos, foi uma chamada, e também o é para nós. Do alto do céu do Presépio, Deus parece dizer-nos: «Por acaso você pensa que não tem estrela? Acha que Eu não conto com você nos meus planos? Pensa que existe algum filho de Deus que não tenha uma missão a cumprir nesta terra? Ou será que você veio a este mundo por engano, sem finalidade?»

A minha estrela é a minha *vocação*, ou seja, a luz que indica a *missão* que Deus me confia na vida. Quando descobrimos essa luz, fica claro o sentido da nossa existência: todas as *peças* da vida — como as pedras de um mosaico — passam a ocupar o seu lugar: as alegrias e as tristezas, o passado e o presente, os sonhos, o trabalho, o amor, as dificuldades, tudo..., tudo fica mais claro e se harmoniza. Mas se não sabemos qual é a nossa estrela, essas *peças* não passam de um amontoado de cacos.

Vejamos um exemplo. Quando um casal cristão descobre que o seu casamento é uma *vocação*, e que o próprio Deus lhes confiou uma grande *missão* — a bela missão de *fazer*, de edificar uma família —, esse casal *viu* a estrela. Em qualquer momento de crise, de dificuldade ou de cansaço, o coração lhes dirá: «Olha para a estrela. Ela te marca o rumo. Ela vai te esclarecer e te recordará que Deus te chama, conta contigo e te ajuda. Sê fiel à tua estrela».

Seguir a estrela, porém, não é fácil, porque nem sempre se vê brilhar: frequentemente fica encoberta pela escuridão, por nuvens densas. Assim aconteceu com os Magos. Viram a estrela *no Oriente*. Perceberam o que ela indicava e não desviaram disso o coração. Ao contrário, prepararam logo a viagem — que ia ser longa e penosa — e começaram a caminhar, deixando a vida cômoda para trás. A estrela marcou-lhes inicialmente a direção, revelou-lhes o destino, estimulou-os na partida, mas depois desapareceu.

O caminho foi longo e áspero. Passaram por desertos sem uma gota de água; passaram por montanhas escarpadas, cheias de gelo, de neve e de abismos ameaçadores; muitas vezes dormiram ao relento, comeram mal, passaram frio e tiveram medo; e, por serem humanos, experimentaram a tentação de desistir. Pensavam: «Será que vimos claro, ou foi ilusão?» Outras vezes: «Será que vale a pena?» Outras: «Será que Deus pode pedir-nos tanto sacrifício? Por quê, para quê?»

Mas nada os deteve. Continuaram a caminhar, mesmo sem verem nada. Não traíram a estrela!

*«Vimos e viemos»*

É tocante fitar os Magos, cansados, exaustos, empoeirados, chegando a Jerusalém e dizendo com simplicidade, como a coisa mais natural do mundo: *«Vimos»* e *«viemos»*. Quantas vezes nós podemos pronunciar essas mesmas palavras? Quantas vezes nós não *vimos* luzes de Deus que nos chamavam — faz isso, ajuda aquele, muda de vida, abandona essa má companhia ou esse mau hábito, esse vício... —, e, infelizmente, fizemos de tudo para adiar, para deixar de lado, para *não ir*?...

Continuemos meditando. Os Magos já chegaram à que julgavam ser a meta, a capital da terra dos judeus, mas justamente lá as coisas ficaram ainda mais complicadas. Em Jerusalém, perguntaram pelo recém-nascido rei dos judeus e ficaram perplexos, porque lá ninguém sabia de nada. Nem os sacerdotes, nem o rei Herodes, nem o povo. Devem tê-los tomado por malucos. Mas, apesar disso, os Magos não desconfiaram da estrela só porque o povo de Jerusalém não os entendia ou porque os considerava ingênuos, doidos ou fanáticos.

Também nós, hoje em dia, devemos ter a coragem de não nos abalarmos se as pessoas, se o ambiente, se os parentes, não entendem os nossos ideais cristãos. Compreendamos e amemos a todos, também aos que não nos compreendem, mas não afastemos os olhos da estrela. É tão comum no mundo a cegueira para as coisas de Deus!

Os Magos, firmes na sua fidelidade, só se preocuparam em indagar dos sábios de Jerusalém qual era o lugar do nascimento do Messias anunciado pelas profecias; e, quando lhes disseram que era a cidade de Belém, para lá se encaminharam em seguida, com a mesma determinação com que tinham saído de casa e enfrentado a dureza do caminho.

Então:

*A estrela que tinham visto no Oriente os foi precedendo, até chegar onde estava o Menino, e ali parou. A aparição da estrela os encheu de profundíssima alegria.*

É maravilhoso! Deus sempre cumula de alegria os que se esforçam por ser fiéis, especialmente se a fidelidade lhes custa sangue, suor e lágrimas. Deus se lhes mostra então com mais amor e se lhes entrega.

*Vimos* e *viemos*. Temos muito que pensar. Quantas coisas não nos sugere o exemplo dos Magos. Peçamos a Maria e José — fidelíssimos à sua vocação e à sua missão — que nos ajudem a ser homens e mulheres que sabem *ver*... e *ir*. Tomara que sempre possamos dizer: «Estou fazendo isto ou aquilo e me comportando assim por uma razão muito simples: porque *vi*, vi mesmo a estrela e entendi a razão porque Deus me pôs neste mundo».

# 9. A ADORAÇÃO DOS MAGOS

*«Prostrando-se, o adoraram»*

Neste último capítulo, vamos continuar a olhar para os Magos, contemplando-os agora na cena da adoração, que o Evangelho descreve assim: *Entrando na casa, acharam o menino com Maria, sua mãe. Prostrando-se diante dele, o adoraram* (cf. Mt 2, 9-12). Muitos pintores famosos deixaram-nos quadros belíssimos dessa cena. Ajoelhados ou inclinados perante o Menino Jesus, os Magos o adoram, com o olhar extasiado, e lhe oferecem os presentes que trouxeram.

No centro desta bela cena, aparece uma palavra que merece a nossa reflexão: a palavra «adorar». É uma das atitudes mais elevadas, mais sadias e mais necessárias para nós, os homens, especialmente nos nossos tempos. Não duvide de que tudo iria muito melhor, em nossa vida e no mundo, se aprendêssemos a adorar a Deus.

Adorar é uma palavra cheia de conteúdo. Significa:

- em primeiro lugar, *reconhecer* Deus e dizer-lhe: *Tu és o meu Deus e o meu Senhor!*

- depois, significa admirar com alegria a imensa grandeza, beleza e bondade de Deus.

- em terceiro lugar, significa inclinar-se diante dEle com respeito e com obediência de filhos.

- e, ainda, em quarto lugar, significa fazer da vida um contínuo ato de agradecimento ao Senhor.

São vários reflexos de uma mesma luz, mas todos estão unidos, se entrecruzam, formam uma única atitude.

*Adorar é reconhecer*

Adorar, em primeiro lugar, é *reconhecer*. Quando dizemos «Tu és o meu Deus!», estamos reconhecendo: «Eu não sou o meu deus!» Já pensamos nisso? Evidentemente, nenhum de nós comete a tolice de dizer com a boca: «Eu sou Deus», mas muitos de nós o dizemos com a vida.

Sim. Porque nos dedicamos a adorar-nos a nós mesmos e queremos colocar tudo aos nossos pés. Talvez lembremos que, quando o diabo tentou Jesus no deserto e lhe pediu que o adorasse, Ele o repeliu dizendo: *Para trás, Satanás, pois está escrito: Adorarás o Senhor teu Deus, e só a Ele servirás* (Lc 4, 8).

Nós, porém, adoramo-nos muitas vezes a nós mesmos. Por exemplo, quando pensamos: «Primeiro procuro o que eu quero, obedeço à minha vontade, sirvo o meu interesse, e depois verei se tenho tempo de pensar no que Deus quer». Ou, então: «Na conduta, na moral, no casamento, no namoro, etc., eu digo o que é certo e errado, o que tem importância e o que "não tem nada"; eu é que defino a minha moral e "escolho" a minha religião, e não preciso nem de perguntar a Deus nem de que me falem de Deus e da lei de Deus». Os Magos não quiseram ser deuses: *Viemos adorar!*

*Adorar é conhecer, amar
e agradecer*

Pense que só podemos adorar bem a Deus quando o conhecemos bem. Não se pode adorar uma incógnita ou uma neblina. Conforme o vamos conhecendo, Ele nos cativa e nos deslumbra com a sua bondade, beleza e verdade; dia após dia, causa-nos mais admiração e desperta mais amor; sentimos desejos cada vez mais inflamados de compreendê-lo, de vê-lo — *procurarei, Senhor, o teu rosto!*, dizemos, com o Salmo (26, 8) —, e entendemos que a Bem-aventurada Isabel da Trindade afirmasse: «A adoração é o êxtase do amor».

Necessitamos conhecer a Deus, e o Natal nos abre caminho para isso. A vinda de Cristo ao mundo fez com que o *rosto* de Deus, que nós não podemos ver, se tornasse visível no rosto de Jesus: *Quem me vê, vê o Pai* (Jo 14, 9). Essa é uma das grandes alegrias que nos infunde o mistério da Encarnação do Filho de Deus. São João Apóstolo e Evangelista escrevia, cheio de gratidão: *Ninguém jamais viu a Deus. O Filho único, que está no seio do Pai, ele no-lo deu a conhecer* (Jo 1, 18). Por isso, quem quiser *ver* Deus deve olhar intensa e amorosamente para Cristo. Deve começar por conhecê-lo muito mais intimamente e detalhadamente.

Bastaria, para isso, que o contemplássemos devagar tal como nos aparece lendo os Evangelhos. O nosso coração arderia então de amor, e em nós brotaria uma sede de estar com Ele tão intensa, que ficaríamos felizes só de pensar nEle, de saber-nos perto dEle, e sobretudo de encontrá-lo na *loucura de amor* que é — como dizia São Josemaria — a Eucaristia.

Então, passaríamos a vida agradecendo o dom que Deus nos faz de si mesmo. A nossa alma, cheia de ternura e gratidão, adoraria comovida o Menino-Deus que nos chama pelo nosso nome e nos estende os braços no presépio de Belém.

*Adorar é confiar e obedecer*

Mais um pensamento. Quem ama, confia. Quando nos inclinamos para Jesus com amor, nos abandonamos ao seu amor. Acolhemos com confiança tudo o que Ele nos pede, tudo o que nos ensina, tudo o que nos manda. E desse amor nasce o desejo de agradá-lo e *obedecer-lhe* sempre.

São poucas as pessoas que entendem que obedecer a Cristo e à sua Igreja é amá-lo. No entanto, Jesus disse-nos uma e outra vez que a obediência é o segredo do verdadeiro amor: *Se me amais, guardareis os meus mandamentos* (Jo 14, 15). *Se guardardes os meus preceitos, sereis constantes no meu amor* (Jo 15, 10).

E, ao falar da Igreja que Ele fundou — *a minha Igreja*, como a chamava —, dizia aos Apóstolos, chefes dessa Igreja: *Quem a vós ouve, a mim ouve; quem a vós despreza, é a mim que despreza* (Lc 10, 16). Infelizmente, a obediência a Deus e aos representantes de Deus é como uma espécie de mendiga desagradável, que, na prática, muitos cristãos desprezam. Precisamos resgatá-la de preconceitos, se quisermos alcançar o amor.

## *Os dons dos Magos*

Uma última reflexão. Conta o Evangelho que os Magos, como ato de adoração e reconhecimento, depois de prostrar-se diante de Jesus, *abriram os seus tesouros, e ofereceram-lhe como presentes: ouro, incenso e mirra*. Cada presente tem, pelo menos, um significado. Percebemos qual pode ser?

Ao depositarem o *ouro* aos pés de Jesus, queriam significar: «Todo o ouro do mundo, ao lado de Jesus Menino, é pó. Todas as coisas materiais, se não nos levam a Deus, se não as usamos de acordo com o espírito de Cristo, para louvar e servir a Deus e amar-nos mutuamente, são lixo, um lamaçal em que nos atolamos». Só o amor a Deus e ao próximo transforma as coisas materiais, as tarefas materiais, as preocupações corriqueiras, o dever de cada dia, em ouro puro aos olhos de Deus.

O *incenso* que se queima e desaparece, enquanto se eleva em nuvens perfumadas, é um símbolo do amor que se entrega. Quando, na Igreja, se oferece incenso a Deus, é como se todos nós disséssemos: «Não há vida mais bela, não há coração mais belo, do que aquele que se *queima* — consumindo o bagaço do egoísmo — e se transforma em perfume oferecido a Deus».

Também colocam *mirra* aos pés de Jesus. A mirra era muito valiosa, mas muito amarga e forte de sabor. A Jesus, quando estava no Calvário, ofereceram-lhe uma bebida com mistura de mirra, como um narcótico que ele não bebeu, e a usaram também para embalsamar o seu corpo. Por isso, a mirra foi vista como um anúncio da Paixão. Talvez esse dom significasse, da parte dos Magos, numa antevisão, o agradecimento a Jesus pelo infinito amor com que ia morrer por nós na Cruz. E sugere-nos também que o mistério da Cruz não pode estar ausente da vida do cristão, que devemos aprender a ofertar amorosamente a Jesus as nossas dores — aceitando a vontade de Deus — e os nossos sacrifícios voluntários.

*E nós?*

Após meditarmos sobre os presentes dos Magos, nos perguntamos: «E os meus presentes, quais são?» Para muitas pessoas, o Natal só é visto como tempo de compras e presentes. Nós deveríamos vê-lo, sim, como um tempo de «presentes», mas acima de tudo de presentes espirituais: presentes da alma, que são os únicos que podem fazer aflorar um sorriso nos lábios de Jesus, Maria e José.

Que presentes da alma? É bom lembrar que muitos oferecem a Jesus, nesses dias de Natal, uma confissão bem-feita, uma decisão definitiva de converter-se; orações especiais e sacrifícios: pequenas penitências um pouco mais custosas. De modo particular, façamos o propósito de plantar alegrias em todos os corações que encontrarmos nesse tempo de Natal; e de realizar iniciativas, atos de serviço, pequenos ou grandes, que possam aliviar pessoas carentes, desempregados, crianças, velhos, doentes..., lembrando-nos de que Jesus dizia: *Tudo o que fizestes a um destes meus irmãos mais pequeninos, é a mim que o fizestes* (Mt 25, 40).

Será que não podemos fazer mais alguma dessas coisas? No Tempo de Natal, perguntemo-nos isso enquanto ficamos junto de Maria e de José, olhando para o Menino. Ele também olhará para nós e, se continuarmos a contemplá-lo, abrirá no nosso coração uma fresta por onde vai entrar — para lá ficar como um raio de luz — o espírito do Natal. Deus nos conceda a todos essa graça!

*Direção geral*
Renata Ferlin Sugai

*Direção editorial*
Hugo Langone

*Produção editorial*
Juliana Amato
Gabriela Haeitmann
Ronaldo Vasconcelos

*Capa*
Provazi Design

*Diagramação*
Sérgio Ramalho

ESTE LIVRO ACABOU DE SE IMPRIMIR
A 27 DE NOVEMBRO DE 2023,
EM PAPEL OFFSET 75 g/m$^2$.